NOTICE

SUR

DEUX APPAREILS DIASTIMOMÉTRIQUES

NOUVEAUX

NOTICE

SUR DEUX

APPAREILS DIASTIMOMÉTRIQUES

NOUVEAUX

PAR

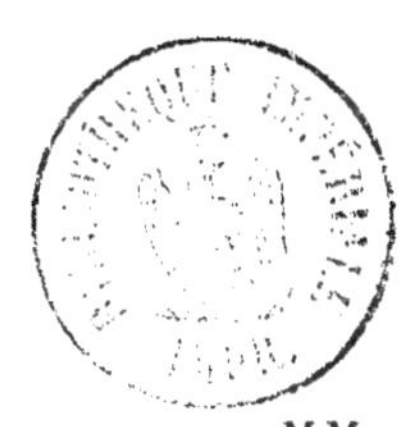

MM. PEAUCELLIER ET WAGNER

Capitaines du Génie

PARIS

<table>
<tr><td>SAUTREZ ET Ce</td><td></td><td>GAUTHIER-VILLARS</td></tr>
<tr><td>13, rue d'Anjou-Dauphine.</td><td></td><td>Quai des Grands-Augustins, 55.</td></tr>
</table>

1868

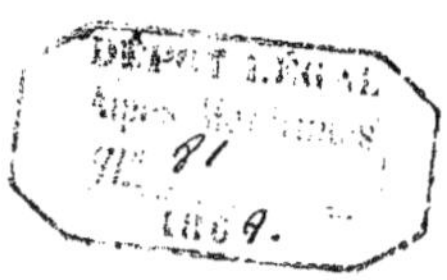

NOTICE

SUR

DEUX APPAREILS DIASTIMOMÉTRIQUES

NOUVEAUX

L'art de la topographie ne remonte pas à un siècle ; on s'en convaincra facilement, en jetant un coup d'œil sur les cartes à grande échelle exécutées avant 1800.

Ce sont des images grossières, dans lesquelles les formes du terrain sont représentées par une sorte de perspective cavalière, n'ayant aucune précision, et qui ne peuvent fournir que des indications fort vagues à l'ingénieur.

Philippe Buache, ingénieur hydrographe, eut l'idée de figurer les accidents du fond de la mer par des lignes de lais des eaux tranquilles, en supposant que leur niveau s'abaissât progressivement.

Ce fut l'origine de la véritable topographie ; car ce

même procédé devait, peu après, servir à représenter d'une manière géométrique tous les accidents du sol.

Dès 1800, une Brigade Topographique, faisant partie du service du Génie, fut instituée en France, et mit en pratique le nouveau mode de représentation. Ses premiers levers, parmi lesquels on peut citer ceux qui ont servi, il y a peu d'années, aux études du port de la Spezzia, sont encore admirés aujourd'hui. Au point de vue du principe figuré du terrain, ils ne pouvaient, en effet, rien laisser à désirer.

Mais l'on ne saurait en dire autant des procédés de lever alors en usage. Ceux-ci ont subi de notables perfectionnements jusqu'à ce jour. On en jugera par ce qui suit :

Aperçu sur les méthodes de levers en usage. — Toute méthode de lever revient à enserrer la surface du sol dans un canevas de lignes droites, auquel on rapporte ensuite les divers détails du terrain. Le canevas est défini sur un plan par les mesures des angles que les divers côtés font entre eux et par la longueur des projections horizontales de ces mêmes côtés.

Les instruments employés pour les mesures goniométriques sont variés et satisfont à peu près également bien aux conditions de la pratique. La boussole, toutefois, offre cet avantage particulier, de mesurer l'angle d'une direction quelconque, avec une direction sensiblement fixe indiquée par l'aiguille aimantée, c'est-à-dire avec le méridien magnétique. Les erreurs d'observations sont, dans ce cas, toujours propres à une observation unique, et ne s'accumulent pas, ainsi qu'il arrive forcément, lorsque la détermination d'une direction est le résultat de plusieurs mesures antérieures. Cet avantage précieux, ainsi que la facilité de passer avec la boussole dans tous les terrains, ont fait préférer, pour les échelles de $\frac{1}{2000}$ et les échelles plus petites, cet instrument aux autres appareils goniométriques, tels que le goniasmomètre, le graphomètre, etc.

Quant aux mesures linéaires, les règles ou la chaîne d'arpenteur étaient les seuls appareils en usage. Cette dernière a subi de notables perfectionnements, par sa transformation en un ruban d'acier, par l'emploi de fiches à plomb, etc. C'est ainsi qu'elle est encore usitée aujourd'hui dans divers services publics. Mais aucune de ces améliorations n'a supprimé les inconvénients inhérents au mesurage direct sur le terrain.

Inconvénients du mesurage direct des distances. — L'évaluation d'une distance par ce moyen, qu'on emploie les règles, la chaîne ou le ruban d'acier, constitue, en effet, une opération beaucoup plus délicate qu'on ne le suppose généralement. Les personnes appelées à opérer sur le terrain, seules, savent que de peines et de temps il faut consacrer à une pareille opération, si simple en apparence, pour peu qu'il faille l'effectuer en terrain accidenté ou couvert d'obstacles.

L'emploi des règles est presque impraticable, tellement il est peu expéditif; celui de la chaîne ou du ruban d'acier laisse naturellement moins à désirer sous ce rapport; mais ces instruments deviennent insuffisants, au point de vue de la précision, dès que la distance à parcourir offre des pentes sensibles, et que sa mesure doit servir au nivellement par les angles de pente.

Ces divers inconvénients ont déterminé de nombreux essais, tendant à substituer au mesurage direct des procédés optiques, lesquels permettent d'évaluer les distances sans les parcourir. Ces procédés reposent tous sur le principe de la stadia, découvert en 1774, par Green, opticien anglais.

Voici en quoi il consiste :

« L'image d'une règle disposée normalement à l'axe
« d'une lentille convexe varie en raison inverse de la
« distance de cette règle au foyer principal antérieur de
« la lentille. »

Appareils diastimométriques fondés sur le principe de stadia. — L'application du principe de la stadia à la topographie a donné lieu à divers appareils d'un usage plus ou moins facile, plus expéditifs, dans tous les cas, que la chaîne ; mais si l'on considère le peu de crédit qu'ils ont rencontré chez la plupart des opérateurs et notamment dans les divers services publics en France, on est obligé d'admettre que, malgré leurs avantages, ces appareils sont loin de répondre aux véritables exigences de la pratique.

Un coup d'œil rapide sur les instruments les plus répandus ou qui ont plus particulièrement attiré l'attention des topographes suffira pour expliquer cette défaveur.

Parmi ces instruments, on doit citer en première ligne l'excellente boussole à éclimètre et la stadia du commandant du Génie Goulier, professeur de topographie à l'École d'application de Metz. On doit mentionner encore, d'une manière spéciale, le tachéomètre de M. Porro, ingénieur piémontais, à raison de ses dispositions spéciales ; quelques ingénieurs s'en sont servi, sans réussir toutefois à en répandre l'usage parmi les praticiens. Les autres appareils rentrent tous, plus ou moins, dans ces deux types, et n'offrent rien de caractéristique.

Boussole du commandant du génie Goulier.— La stadia enseignée à l'École de Metz est une règle graduée, qu'on tient verticalement sur le point dont on veut mesurer la distance, et que l'opérateur vise au moyen d'une lunette munie de deux fils micrométriques, d'un écartement invariable. Selon que la règle graduée est plus ou moins éloignée de la lunette, l'image est plus ou moins petite, et, par suite, la partie de la règle interceptée entre les deux fils plus ou moins grande.

La règle étant convenablement graduée, le nombre de divisions et de fractions de divisions, comprises entre les deux fils extrêmes du réticule, exprime précisément la distance de la stadia au foyer antérieur de l'objectif de la lunette, divisée par le cosinus de l'angle de pente de la visée.

La lunette est adaptée à une boussole, à l'aide de laquelle on relève en même temps les angles azimutaux et les angles de pente, de sorte qu'on a, par une seule visée, tous les éléments nécessaires au calcul de la distance et de l'altitude du point observé.

On simplifie, en outre, ce calcul, au moyen d'une échelle particulière, qui permet de prendre graphiquement les distances réduites à l'horizon, et d'une table à double entrée, donnant les différences de niveau.

Tachéomètre de Porro. — Le tachéomètre de Porro est une sorte de théodolite, dont la lunette comporte un fort grossissement et possède deux ou trois micromètres que l'on observe par plusieurs oculaires distincts ; une partie des éléments du calcul des distances est lue comme dans l'appareil précédent, sur une stadia verticale.

Cet instrument permet de rayonner à de plus grandes distances que la boussole du commandant Goulier, et donne les éléments du calcul avec une plus grande approximation ; mais il est d'une construction très-difficile, d'un volume embarrassant et peu propre aux levers en terrain accidenté ; il paraît, en résumé, moins avantageux que la boussole, dont l'usage est infiniment plus répandu parmi les praticiens.

Inconvénients de ces appareils. — La stadia, qu'on l'emploie avec la boussole du commandant Goulier ou avec le tachéomètre de Porro, présente d'ailleurs plusieurs inconvénients graves. On lui objecte avec raison :

1° D'occasionner de fortes erreurs dans les grandes pentes, où le moindre défaut de verticalité déplace sensiblement les divisions, par rapport aux fils micrométriques ;

2° De ne donner, dans aucun cas, une approximation suffisante pour le nivellement à l'éclimètre ;

3° De fatiguer la vue du topographe, par la multiplicité des divisions de la stadia et leur mobilité continuelle par rapport aux fils micrométriques. Ce double inconvénient, qui est d'autant plus sensible que les visées sont plus inclinées, rend l'instrument tout à fait impraticable, lorsqu'on opère par le moindre vent. Le calage de la stadia ne remédierait, d'ailleurs, qu'imparfaitement à cette cause d'erreurs ; car il n'éliminerait pas celles qui proviennent de la flexion de la règle : cette flexion, assez grande, en effet, en raison du faible poids qu'il est essentiel de donner à la règle, correspond à un défaut de verticalité sensible et occasionne par suite une erreur de lecture proportionnelle.

Enfin la stadia présente encore l'inconvénient de nécessiter des calculs ou des opérations graphiques, qui, malgré leur simplicité, fatiguent l'opérateur. La chaîne, au contraire, permet d'évaluer directement les distances réduites à l'horizon, lesquelles, dans beaucoup de cas, notamment pour l'établissement du cadastre, sont les seules intéressantes à connaître.

Notre objet est d'appeler l'attention sur deux appareils nouveaux, qui obvient à tous ces inconvénients et satisfont à peu près également bien à toutes les conditions essentielles de la pratique.

Appareil Autoréducteur et Métrographe. — Ces appareils ont été expérimentés en 1863, 1864 et 1865, à la Brigade Topographique du Génie qui opère actuellement aux environs de Nice. Les nombreuses expériences comparatives, auxquelles ils ont été soumis, ont fait ressortir les avantages caractéristiques qui les distinguent. Ils réalisent notamment une grande économie de temps et une grande diminution de fatigue ; leur précision est au moins triple de celle des instruments usuels et indépendante, dans tous les cas, de la difficulté du terrain.

Le premier, qu'onpeut appeler APPAREIL AUTORÉDUCTEUR, consiste en une boussole munie d'une lunette micrométrique *particulière*, et en une sorte de stadia horizontale, à laquelle on a donné le nom de *stadimètre*. Les distances lues sur le stadimètre sont automatiquement réduites à l'horizon.

Le second, dit MÉTROGRAPHE, est un peu plus compliqué. Il permet de lire par un seul pointé les distances, suivant la pente, leurs longueurs réduites à l'horizon et les différences de niveau correspondantes, sans mesures d'angle et sans le secours de tables.

I

APPAREIL AUTORÉDUCTEUR

ou

STADIMÈTRE ET BOUSSOLE A LUNETTE RÉDUCTRICE

PERMETTANT DE LIRE LES DISTANCES RÉDUITES A L'HORIZON

Les propriétés de cet appareil sont telles qu'on n'a pas hésité, après une série d'expériences qui ont pleinement confirmé la théorie, à le substituer à la boussole ordinaire, à la chaîne d'arpenteur et à la mire à coulisse, qui constituaient autrefois le principal outillage des gardes topographes [1].

Stadimètre. — Le stadimètre, c'est-à-dire la mire sur laquelle on lit les distances, se compose d'une règle gra-

---

[1] Cet appareil a reçu l'approbation officielle du comité des fortifications. Sur sa demande, une médaille en or a été accordée, par le ministre de la guerre, à chacun des auteurs.

duée, qui peut se fixer d'équerre en un point quelconque d'un montant, qu'un aide tient verticalement sur le point à relever (fig. 1). Un perpendicule lui permet d'assurer cette verticalité et par suite l'horizontalité de la règle qu'il dirige normalement à la distance à mesurer. A cet effet, il vise l'opérateur à travers une pinnule pratiquée dans l'épaisseur du montant.

La règle horizontale porte des lignes de foi blanches, sur fond noir, symétriques par rapport au milieu de la règle et numérotées 1, 2, 3, 4, 5.... à partir du montant. L'un des voyants qui forme la règle graduée est fixe, l'autre est mobile et peut être éloigné du montant à l'aide d'une petite manivelle qui conduit une crémaillère liée à la pièce mobile. Celle-ci étant à l'origine de son mouvement, les intervalles 1-1, 2-2, 3-3, etc., vus dans la lunette, correspondent exactement à l'écartement des fils micrométriques, lorsque le stadimètre est placé à des distances respectivement égales à 1, 2, 3, etc. décamètres. Il est donc clair qu'une distance quelconque à apprécier se compose du nombre de divisions décamétriques comprises entre les fils du micromètre plus une fraction [1].

(1) La grandeur de l'image de la règle est inversement proportionnelle à sa distance au foyer principal antérieur de l'objectif. En appelant donc Δ la distance de ce foyer au centre de la lunette, on voit que les intervalles 1-1, 2-2, 3-3, etc., comptés sur le stadimètre, sont proportionnels à $10^m - \Delta$, $20^m - \Delta$, $30^m - \Delta$, etc., ce qui revient à diviser uniformément la règle, sauf à diminuer l'intervalle 1-1 d'une quan-

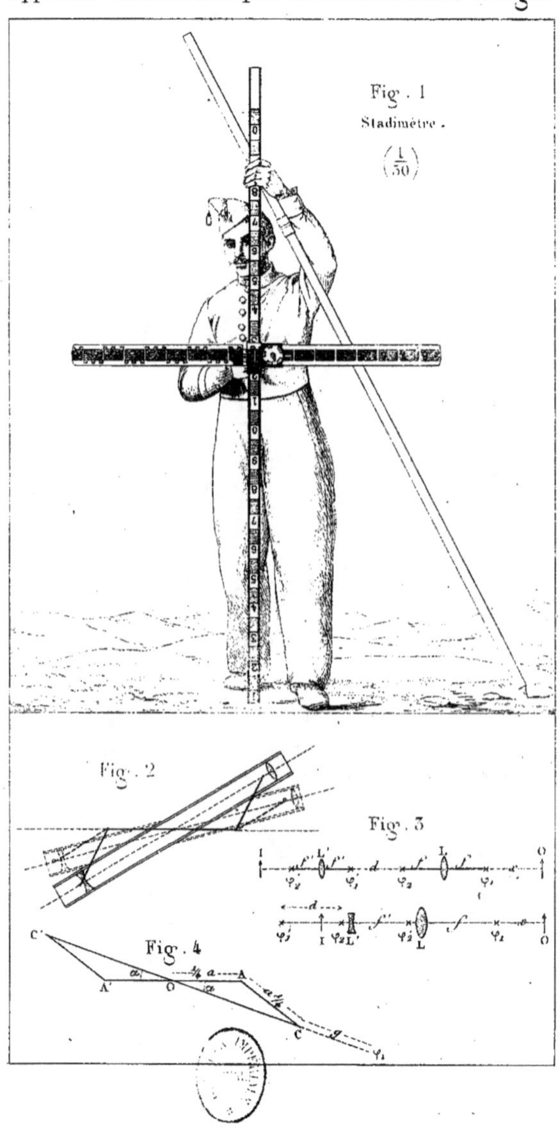

Fig . 1
Stadimètre .
Fig . 2
Fig . 3
Fig . 4

Voici comment on évalue cette fraction :

L'opérateur ayant dirigé sa lunette sur le centre du stadimètre, il agit sur une des vis de rappel de la boussole, de manière à amener le fil micrométrique qui correspond à la branche fixe, sur la division la plus rapprochée, la division 6, par exemple. L'autre fil correspondant alors sur la branche mobile à un point de l'intervalle 6-7, il fait signe au porte-stadimètre d'agir sur le voyant mobile, jusqu'à ce que la ligne de foi 6 vienne se placer exactement derrière ce fil.

Il est évident dès lors que la distance de la lunette au stadimètre sera égale à 6 décamètres plus une fraction proportionnelle à la petite longueur dont on aura déplacé le voyant mobile. Cette quantité complémentaire s'apprécie facilement en mètres et en fractions de mètres : les mètres se lisent sur une échelle graduée que découvre le voyant mobile dans son mouvement de translation et dont chaque division correspond à un mètre; les fractions de mètres, en décimètres et en centimètres, sont indiquées sur un cadran central, par la position d'une aiguille adaptée à l'arbre de la manivelle, dont un tour complet correspond exactement à une division de l'échelle des mètres [1].

tité proportionnelle à la distance Δ du foyer principal antérieur de la lunette à son axe de rotation.

(1) La construction des premiers stadimètres a été confiée à M. le garde du Génie Marc, dont le concours intelligent et pratique a très-

Lorsqu'on emploie une lunette ordinaire, la lecture ainsi obtenue exprime la distance suivant la pente.

Lunettes réduisant automatiquement à l'horizon les distances lues sur le stadimètre. — La lunette employée à la Brigade Topographique réduit automatiquement cette distance à l'horizon.

Son système objectif se compose de deux lentilles mobiles, suivant leur axe commun ; la lentille antérieure est convexe, l'autre concave (fig. 2). Chacune d'elles est commandée dans son mouvement de translation par une petite manivelle, dont les centres fixes sont situés sur l'horizontale passant par l'axe de rotation de la lunette. Cela posé, il est clair que les deux lentilles se rapprochent dès qu'on incline la lunette ; par suite, le système objectif varie et pour une même distance l'image du stadimètre change de dimension avec l'angle de pente. L'espacement des tourillons fixes des manivelles est précisément égal à la moitié de la distance comprise entre

efficacement contribué à la réalisation de l'idée ; plusieurs améliorations lui sont dues, notamment la lecture des fractions de mètre sur le cadran central. Dans le premier modèle, les mètres et fractions de mètre étaient lus par le porte-stadimètre, sur une réglette en cuivre qui entraîne le voyant mobile dans son mouvement. Cette réglette peut servir aujourd'hui à faire contrôler, par le porte-stadimètre, la lecture faite sur le cadran ; elle est indispensable d'ailleurs pour la rectification de la lunette, pendant laquelle on voile le cadran, afin que le pointé ne puisse être influencé par les lectures.

le foyer postérieur de la lentille convexe et le foyer postérieur de la lentille concave, la lunette étant horizontale. La longueur de chaque manivelle, mesurée entre les centres d'articulation, est égale au quart de cette même distance.

Il résulte de cette disposition — ainsi que le prouve le calcul — que la longueur du stadimètre interceptée entre les deux fils du micromètre diminue comme le cosinus de l'angle de pente [1]. Par suite, la longueur lue dans

(1) Soient L, L' deux lentilles, dont φ_1 et φ_2, φ'_1 et φ'_2 sont les foyers respectifs ; f et f' les distances locales (fig. 3). Soit d la distance du foyer négatif φ_2 de la 1re lentille L, au foyer positif φ'_1 de la lentille L'; x la distance de l'objet 0 au foyer φ_1 de la lentille L, et I l'image de l'objet 0 après la double réfraction à travers le système. On démontre la relation $\dfrac{0}{I} = \dfrac{d\,x - f^2}{ff'}$, rigoureuse quelle que soit l'épaisseur des lentilles.

Supposez que, dans cette formule, x représente la distance réelle d'un stadimètre au foyer antérieur de l'objectif, l'angle de pente du rayon visuel étant α. Il est clair que si, dans la lunette, on arrive à faire varier d comme le cosinus de l'angle de pente, c'est-à-dire que si $d = a \cos \alpha$, a étant la longueur d pour $\alpha = 0°$, le rapport $\dfrac{0}{I}$ de l'objet à l'image sera $\dfrac{ax \cos \alpha - f^2}{ff'}$; et pour toute distance x, dont la fonction $x \cos \alpha$, c'est-à-dire la longueur réduite à l'horizon, sera la même, on lira sur le stadimètre la même indication.

Or, dans l'instrument décrit ci-dessus, la distance CC', entre les extrémités libres des manivelles (fig. 4), est égale à $(AC + AA' + C'A') \cos \alpha = \left(\tfrac{1}{4} a + \tfrac{1}{2} a + \tfrac{1}{4} a\right) \cos \alpha = a \cos \alpha$. a étant précisément la distance comprise entre le foyer φ_2 de la lentille L et le foyer φ'_1 de la lentille L', lorsque la lunette est horizontale. Il en résulte que, pour une position quelconque de la lunette, cette distance devient nécessai-

l'instrument représente précisément la distance réduite à l'horizon.

Correction anallatique.—Les distances réduites à l'horizon sont comptées à partir du foyer antérieur de l'objectif. Ce point ne coïncidant pas avec le centre de l'appareil mis en station, il en résulte une légère correction, négligeable dans la généralité des cas, mais dont il y a lieu de tenir compte, eu égard à la grande précision de l'instrument; cette correction est dite anallatique.

Elle est indépendante de la distance et ne varie qu'avec l'ángle de pente. Le stadimètre étant gradué pour la position horizontale de la lunette, la correction, toujours soustractive, est [1] :

0.00, 0.01, 0 02, 0.03, 0.04, 0.05, 0.06, 0.07, 0.08, 0.09, 0.10, 0.11 pour les angles

0°, 10°, 15°, 20°, 22°5, 25°, 27°5, 30°, 32°, 34°, 36°, 38°.

rement $a \cos \alpha$ et que les indications du stadimètre dans la lunette donneront les distances réduites à l'horizon.

[1] Appelons g la distance du foyer antérieur de l'objectif à l'articulation qui guide cet objectif; $\frac{1}{4} a$, la longueur d'une manivelle. La distance δ du foyer antérieur de la lentille L, au centre de la lunette, réduite à l'horizon, sera $\delta \cos \alpha = (O A + A C) \cos^2 \alpha + C \varphi_1 \cos \alpha = \frac{1}{2} a \cos^2 \alpha + g \cos \alpha$.

Le stadimètre étant gradué pour la position horizontale de la lunette, la distance lue sur le stadimètre est $x \cos \alpha$, plus la valeur de δ pour $\alpha = o$, c'est-à-dire $x \cos \alpha + \frac{1}{2} a + g$. La distance du stadimètre au centre de la lunette réduite à l'horizon étant $x \cos \alpha + \delta \cos x$,

Dans l'appareil en usage à la Brigade Topographique, l'angle micrométrique est de $\frac{1}{70}$; la règle graduée n'a que $1^m.20$ de long et porte ainsi jusqu'à 85^m. Pour les distances plus grandes, on prolonge la règle, en ouvrant deux bras mobiles, qui viennent se placer dans son prolongement : on lit alors les distances jusqu'à 145 mètres [1].

c'est-à dire $x \cos \alpha + g \cos \alpha + \frac{1}{2} a \cos^2 \alpha$, il en résulte que la correction à faire subir à la lecture sera

$$g \cos \alpha + \frac{1}{2} a \cos^2 \alpha - g - \frac{1}{2} a = - g (1 - \cos \alpha) - \frac{1}{2} a \sin^2 \alpha.$$

Dans la lunette de la Brigade, $\frac{1}{2} a = 0^m.12, g = 0^m.31$, d'où l'on tire le tableau donné plus haut, tableau dans lequel on a légèrement modifié les angles de manière à en faciliter la mémoire.

[1] En se servant successivement du $\frac{1}{2}$ angle micrométrique de droite et du $\frac{1}{2}$ angle micrométrique de gauche, on peut, par les mêmes indications, lire les distances jusqu'à 280^m. Il suffira de déduire $0^m.74$ de la somme des lectures et de faire subir au résultat la correction anallatique, comme dans le cas ordinaire.

Cette longueur $0^m.74$ est la distance du foyer principal antérieur du système objectif au centre de la lunette, $\Delta = \delta + \frac{f^2}{a}$, lorsque celle-ci est horizontale. La quantité de laquelle on a diminué l'intervalle 1-1, ainsi qu'on l'a vu plus haut, représente précisément cette distance. Si donc, par la pensée, on prolonge l'image du stadimètre jusqu'à sa rencontre avec le fil du réticule, on voit qu'une seule lecture donnerait la distance $X = x + \Delta$. En prenant, au contraire, deux fois le $\frac{1}{2}$ angle micrométrique, on lit deux fois $\left(\frac{1}{2} x + \Delta\right)$, c'est-à-dire $x + 2\Delta$, ou $X + \Delta$. Il en résulte que la somme des lectures obtenues en employant successivement les $\frac{1}{2}$ angles micrométriques de droite et de gauche doit être réduite d'abord de $\Delta = 0.74$, puis de la correction anallatique, comme dans le cas ordinaire.

Précision de l'appareil.—Pour un grossissement de 12 à 13 environ, quelque accidenté que soit d'ailleurs le terrain sur lequel on opère, l'approximation moyenne de l'appareil est de $\frac{1}{3000}$, c'est-à-dire bien supérieure à celle de la chaîne ou de la stadia employée avec une lunette de même grossissement [1].

L'approximation de $\frac{1}{3000}$, dans l'évaluation des distances, dépasse la précision que l'on pouvait espérer par des mesures micrométriques, faites à l'aide d'instruments aussi portatifs qu'une boussole. Cette grande approximation provient de la position de la règle graduée, toujours normale à la ligne visuelle; du mode de pointé, qui consiste à bissecter les lignes de foi blanches par les fils du micromètre; elle provient enfin de la suppression des lectures à l'estime des fractions de mètre, du moins pour ce qui concerne le nombre entier de décimètres; l'évaluation, même grossière, de la fraction de division indiquée par l'aiguille du cadran central ne saurait, d'ailleurs, occasionner une incertitude de plus d'un centimètre.

Si l'on considère la mesure d'une grande distance, déterminée par plusieurs visées successives, la précision

---

(1) L'approximation de ces deux derniers instruments, qui n'est, en effet, que $\frac{1}{1200}$ moyennement en terrain horizontal, se réduit, en terrain accidenté, à $\frac{1}{630}$ pour le premier instrument et à $\frac{1}{900}$ pour le second.

relative devient plus grande encore. Elle est telle, en effet, qu'on peut, par des observations répétées et en prenant quelques précautions, se servir avec avantage du stadimètre pour mesurer la base d'une triangulation secondaire en pays de montagnes [1].

L'approximation qu'on obtient ainsi est comparable à celle des règles en usage dans la Brigade Topographique et qui ne peuvent, comme toutes les règles, servir que dans un terrain presque plat [2].

Usage de l'appareil. — Pour lever le terrain avec l'appareil qu'on vient de décrire, on procède d'ailleurs comme avec la chaîne ou la stadia. On lève un réseau de points à la boussole, en faisant des cheminements qui s'appuient sur des points trigonométriques, dont les altitudes sont connues par un nivellement géodésique. Les altitudes des sommets du cheminement sont déterminées de pro-

[1] La promenade des Anglais, à Nice, a été mesurée par ce procédé. Les erreurs commises sur les 1,759^m.34 que mesurait alors cette promenade sont de — 0^m.22, + 0^m.12, + 0^m.18. L'écart moyen obtenu n'est que de $\frac{1}{10000}$ de la distance mesurée. La moyenne des trois résultats n'est erronée que de 0^m.03 seulement (soit $\frac{1}{60000}$ de la distance).

[2] On trouve la boussole à lunette réductrice à Paris, chez les frères Brunner, dont les œuvres portent ce cachet de précision et de simplicité qui les distingue des autres constructeurs. C'est en partie aux soins ingénieux que ces opticiens ont apportés à la construction de la lunette qu'est due la grande approximation des lectures sur le stadimètre.

che en proche, au moyen de l'éclimètre, en partant d'un des points trigonométriques. Les erreurs du nivellement qu'on obtient ainsi ne sont moyennement que de $\frac{1}{1300}$ de la différence du niveau, tandis que, par l'emploi de la chaîne, elles étaient de $\frac{1}{260}$ environ.

C'est aux points topographiques ainsi déterminés qu'on rapporte ensuite le détail, en y stationnant avec la boussole, et relevant par rayonnement tous les points importants.

Quant au calcul des altitudes, qu'il s'agisse des sommets des cheminements ou des points de détail, il se fait très-rapidement, au moyen d'une règle à calcul spéciale, de même dimension que la règle ordinaire, mais donnant une approximation double.

Ces règles, dites de *topographe*, portent deux biseaux gradués, qui servent d'échelle pour les levers au $\frac{1}{500}$, $\frac{1}{1000}$, $\frac{1}{2000}$, $\frac{1}{5000}$, etc. [1].

Un dispositif particulier permet de transformer à volonté la lunette réductrice en lunette ordinaire. A cet effet, le limbe vertical est gradué sur ses deux faces et peut être très-simplement rendu fixe ou mobile (fig. 5).

---

[1] On fera remarquer, en outre, la disposition du rapporteur qui se trouve dans la boîte de la boussole ; on peut le faire pivoter autour d'une aiguille plantée au point de station, et la tranche, qui est la ligne 0°-180° même, porte une échelle qui permet de fixer de suite la position des points visés, lorsqu'on lève le détail.

Dans le premier cas, qui est le cas ordinaire, la lunette opère automatiquement les réductions à l'horizon, comme il a été dit plus haut, et les angles de pente se lisent au moyen d'un vernier antérieur, qui fait corps avec la lunette. Lorsque le limbe est au contraire mobile, il fait corps avec la lunette et ses indications se lisent au moyen d'un vernier fixe postérieur. Les manivelles et la droite qui joint leurs tourrillons sont alors en ligne droite, et les lectures sur le stadimètre donnent la distance suivant la pente. Cette seconde disposition de la lunette ne sert qu'exceptionnellement.

Dans le cas où l'appareil doit donner les distances réduites à l'horizon — et c'est le cas ordinaire — la lunette est toujours à droite de la boussole.

Le topographe, s'il est tant soit peu exercé, peut, dans le lever de détail en terrain accidenté, utiliser deux stadimètres, en visant l'un d'eux pendant que l'autre est porté sur le point à relever ensuite.

Dans le lever d'un cheminement, les deux porte-stadimètres se déplacent parallèlement au topographe, l'un occupant le piquet d'avant, l'autre le piquet d'arrière. Chaque distance est ainsi lue deux fois, comme chaque angle, et cela à des moments différents ; en sorte qu'aucune erreur n'est à craindre [1].

---

(1) Cette disposition est, d'ailleurs, fort utile, lorsqu'on se sert d'une lunette réductrice ; car, en ce cas, quand bien même la dernière

Dans une première opération, on prend la distance. Puis on lit les angles verticaux et horizontaux. A cet effet, le voyant fixe du stadimètre porte, près du montant, une ligne de foi horizontale très-courte, servant de mire, et dont le centre est distant de l'axe du montant d'une longueur égale à l'excentricité de la lunette. On lit ainsi l'angle de pente, en visant la ligne de foi mire, qu'on fait placer à la même distance au-dessus du sol que le centre de la lunette; et l'on détermine l'angle de direction, sans aucune excentricité, en visant avec le fil vertical du milieu cette même ligne de foi.

Le porte-stadimètre maintient, d'ailleurs, le stadimètre immobile, à l'aide d'une tringle oblique graduée et qui peut au besoin servir elle-même de mire et de double mètre.

Enfin, en prévision des levers à très-grande échelle, où l'emploi de la boussole est insuffisant, on a ajouté à l'instrument un limbe gradué horizontal *(graphomètre)*, qui, vu la grande exactitude des distances lues, permet d'employer l'instrument dans tous les cas possibles. Cette disposition est précieuse d'ailleurs, même pour les levers à l'échelle de $\frac{1}{2000}$ et au-dessous, dans le cas où l'aiguille aimantée peut être influencée par des circonstances locales.

des rectifications, auxquelles on doit la soumettre avant de s'en servir, serait imparfaite, la moyenne des lectures ascendantes et descendantes donnerait exactement la distance réduite à l'horizon.

Lorsque l'approximation de $\frac{1}{1000}$ est insuffisante, comme dans les levers de détails, on peut se contenter d'évaluer à l'estime les fractions de mètre, absolument comme on opère avec la stadia ordinaire. Le voyant mobile porte à cet effet de petites subdivisions rouges et blanches, correspondantes aux mètres. Le pointé sur le voyant fixe est toujours amené sur l'axe d'une quelconque des lignes de foi blanches. Les évaluations faites de la sorte sont moins précises évidemment qu'en opérant comme il a été dit plus haut ; mais elles sont plus expéditives et, d'ailleurs, suffisamment exactes, pour l'objet qu'on a en vue.

Avantages de l'appareil — En résumé, l'appareil qu'on vient de décrire suffit largement pour tous les besoins de la pratique ; sa précision est en rapport avec celle de l'éclimètre et permet le nivellement précis par les angles de pente, ce qu'on ne peut obtenir ni avec la chaîne ni avec la stadia ; les lectures sont faciles et ne causent aucune fatigue à l'opérateur ; enfin, le travail effectué dépasse le double de celui qu'on obtenait dans le même temps, par l'emploi de la chaîne, et il est de beaucoup plus exact.

Telles sont les conclusions qui résultent de nos propres expériences ; elles ont été entièrement confirmées par tous les topographes qui, depuis, ont fait usage de l'appareil, et dont plusieurs étaient rompus par une longue pratique à l'emploi de la chaîne ou de la stadia. Il n'est pas inutile de signaler le témoignage de ces derniers, car chacun sait quelle est la force de l'esprit de routine et avec quelles préventions les hommes de métier accueillent toute innovation.

II

LE MÉTROGRAPHE

APPAREIL MESURANT PAR UN SEUL POINTÉ LES DISTANCES

SUIVANT LA PENTE, LEURS LONGUEURS
RÉDUITES A L'HORIZON ET LES DIFFÉRENCES DE NIVEAU CORRESPONDANTES
SANS MESURES D'ANGLES ET SANS LE SECOURS DE TABLES

Quelques observations critiques, dont le peu de jus-
tesse a été prouvé par l'expérience, mais qui, néanmoins,
pourraient se reproduire, ont déterminé les auteurs de
l'appareil exposé ci-dessus à faire connaître un autre
dispositif qui écarte de prime-abord le point essentiel
sur lequel ces observations portaient principalement,
c'est-à-dire l'emploi d'une mire à partie mobiles, confiée
à des mains inintelligentes. Dans ce second appareil, la
mire se réduit à une règle fixe graduée, et l'intervention
de l'aide se borne à la maintenir immobile dans une position régulière.

Avantages de l'instrument. — L'appareil qui répond à ces nouvelles conditions, et qu'on a appelé métrographe, offre de l'intérêt à divers titres.

Il ramène à un simple pointé l'évaluation simultanée d'une distance, de sa longueur réduite à l'horizon et de la différence de niveau entre les deux extrémités de cette distance. Le défaut de course des pièces mobiles ne permet d'utiliser de cette propriété remarquable qu'entre de certaines limites ; mais, en dehors de ces limites, il suffit de multiplier les lectures par un coefficient généralement très-simple, tel que 0.1, 0.2, 0.3, etc. Dans aucun cas, ce coefficient ne comprendra plus de deux chiffres.

On voit que les avantages de cet instrument consistent surtout à ne rien demander au porte-stadimètre ; à supprimer toute opération de calcul pour le nivellement, à part une petite multiplication fort simple ; à n'exiger enfin l'emploi d'aucune table. Par contre, il nécessite la multiplication ci-dessus pour les distances réduites à l'horizon, qui se présentent le plus fréquemment, tandis que cette opération est entièrement supprimée dans l'appareil à lunette réductrice.

Néanmoins, le métrographe est susceptible d'un excellent usage ; il nous semble intéressant, surtout au point de vue de la théorie.

Nous allons le faire connaître en quelques mots, én ajoutant dès à présent qu'il donne des résultats extrêmement précis.

Description de la lunette. — L'appareil consiste en une boussole particulière (fig. 6) et en un stadimètre à voyants fixes.

La lunette porte un système objectif fixe anallatique, c'est-à-dire un système composé de deux lentilles convexes, dont les foyers et l'écartement sont dans un rapport tel que l'un des foyers principaux du système se trouve au centre de rotation de la lunette.

Entre ce système objectif et l'oculaire se trouve une lentille, mobile à la volonté de l'opérateur.

Le réticule est muni d'un micromètre invariable, formé de deux fils verticaux, situés à égale distance du fil central.

Supposez ce fil central pointé sur le montant d'un stadimètre d'une longueur invariable, portant un petit nombre de lignes de foi fixes. Les fils extrêmes ne correspondent pas nécessairement à deux lignes de foi; mais, en déplaçant le verre mobile, on peut agrandir ou rapetisser l'image de la règle, et amener ainsi les deux lignes de foi en coïncidence avec les fils du micromètre.

La distance du centre de la lunette au stadimètre dépend alors de la position du verre mobile et de la longueur interceptée sur le stadimètre par les fils du réticule.

Un système articulé, composé de deux bielles égales, liées à une manivelle adaptée au centre de la lunette, transmet le mouvement du verre mobile à un curseur qui parcourt une échelle graduée sur la partie antérieure du corps même de la lunette. Le mouvement de ce curseur varie ainsi d'une manière inversement proportionnelle à celui du verre mobile.

Il résulte de cette disposition, de l'anallatisme du système objectif et de la graduation du stadimètre, que la distance de cet instrument au centre de la lunette est égale à la lecture faite sur la réglette de la lunette, multipliée par le chiffre lu sur les lignes de foi bissectées du stadimètre [1].

(1) Voici comment on peut se rendre compte de la disposition de l'instrument. Soit L un système objectif correspondant à une lentille unique, dont φ_1 et φ_2 sont les foyers principaux; f sa distance focale principale *(voir* fig. 3).

Soit L' une lentille unique; φ'_1 et φ'_2 ses foyers, et f' sa distance focale; d la distance du foyer négatif φ_2 de la lentille L au foyer positif φ'_1 de la lentille L'; 0 un objet à la distance x comptée à partir du foyer φ_1 de la lentille L; I l'image de cet objet,

On a $\dfrac{0}{I} = \dfrac{dx - f^2}{ff'}$, d'où $x = f\left(\dfrac{f'\frac{0}{I} + f}{d}\right)$; ainsi la distance x varie en raison inverse de la distance d et proportionnellement à $f'\frac{0}{I} + f$.

Or, on démontre sans peine que, dans le système articulé A D B (fig. 7), dans lequel AD = DB, on a $AC = \dfrac{\overline{DA}^2 - \overline{DC}^2}{CB} = \dfrac{K^2}{y}$; y étant la distance CB. Si donc on s'arrange de façon à ce que AC soit égale à la distance d, on aura $x = \dfrac{ff'}{IK^2}\left(0 + \dfrac{f}{f'}I\right)y$. Et comme le foyer principal antérieur φ_1 du système objectif fixe, coïncide avec le centre même de

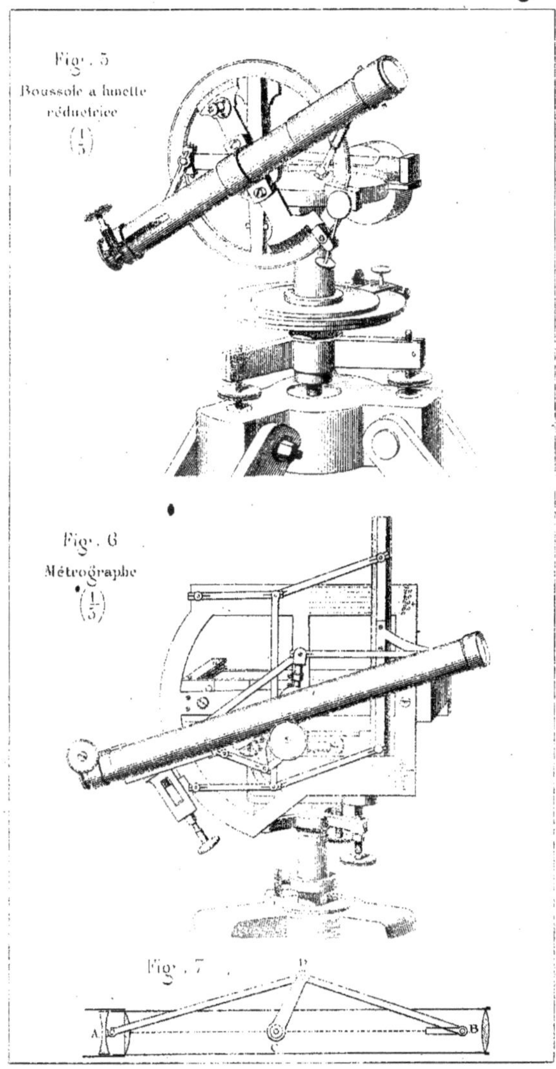

Fig. 5
Boussole a lunette
réductrice
(1/5)
Fig. 6
Métrographe
(1/5)
Fig. 7
A
B

Lorsqu'on opère avec cet instrument pour lire une distance, on vise la division centrale du stadimètre avec le fil du milieu; l'on amène ensuite les fils extrêmes du micromètre sur les deux lignes de foi les plus rapprochées, soit en contractant, soit en dilatant l'image, et il ne reste plus, pour avoir la distance, qu'à multiplier la lecture par le chiffre que portent les lignes de foi pointées.

La course du verre mobile, qui est d'environ deux centimètres, est plus que suffisante pour troubler l'image de la règle vue dans la lunette. Il faudrait donc à chaque déplacement du verre mobile rétablir la mise au point.

la lunette, on voit que la distance du stadimètre à ce point est proportionnelle à y.

Le stadimètre étant placé à 100^m et les fils du réticule étant amenés en coïncidence avec les deux lignes de foi distantes d'une quantité I, telle que $\frac{ff'}{IK^2}\left(0+\frac{f}{f'}I\right)$ soit égale à 1000, le 0 du vernier est à 100 millimètres du centre de la lunette; en d'autres termes, chaque millimètre de la réglette graduée représentera 1 mètre.

Pour une distance différente de 100 mètres, le 0 du vernier vient occuper un point différent et le nombre de millimètres qu'il marque représente nécessairement la nouvelle distance.

Lorsque la distance diffère notablement de 100 mètres, la course du verre mobile est trop considérable pour les divers organes de la lunette. Mais on la restreint en pointant d'autres lignes de foi intercalées entre les précédentes et numérotées 1-1, 2-2, 3-3, etc.; leurs distances deux à deux sont telles que $0'+\frac{f}{f'}I$ soit successivement égale au $\frac{1}{10}$, $\frac{2}{10}$, $\frac{3}{10}$, etc., de la quantité $0+\frac{f}{f'}I$ correspondante à la distance de 100 mètres; ce qui revient à diviser uniformément la règle, en faisant subir à la distance 1-1 une correction en moins égale à $\frac{f}{f'}I$.

5

Cette obligation ne laisserait pas que d'entraver notablement la rapidité des opérations. On l'élude en rendant l'appareil automoteur, c'est-à-dire en le dotant d'un organe particulier, établissant de soi-même la coïncidence du plan focal de la lunette et du plan du réticule. Cet organe consiste dans un système articulé, dont les diverses parties sont déterminées de manière à satisfaire à cette condition, pour l'image d'un objet situé à l'infini. Ainsi le plan du réticule suit naturellement le plan focal variable de la lunette, ce qui fait que l'image reste parfaitement nette pendant toute la course du verre mobile.

Description de l'éclimètre. — Au lieu de donner les angles comme à l'ordinaire, l'éclimètre donne directement les distances réduites à l'horizon et les différences de niveau.

Il consiste en un bâtis portant du côté intérieur une graduation horizontale destinée à évaluer les distances réduites à l'horizon. Un double parallélogramme articulé, commandé par le vernier de la lunette, promène contre ce bâtis une règle verticale, en la maintenant constamment parallèle à elle-même. Cette règle porte sur sa face postérieure un vernier à longs traits, qui, se maintenant toujours verticaux, servent à lire sur la graduation horizontale du bâtis les distances réduites à l'horizon.

L'autre côté de la règle mobile porte une graduation

qui permet de lire les différences de niveau, au moyen d'un vernier fixe, à longs traits horizontaux, gravés sur le corps du bâtis.

Il suffit donc, pour obtenir la distance horizontale et la différence de niveau, de faire les deux lectures que donne la règle du parallélogramme articulé, et de multiplier les résultats par le chiffre lu sur le stadimètre.

Cette multiplication est toujours simple. Aux distances très-petites, où la course du vernier mobile ne suffit plus pour amener les fils micrométriques d'une division décamétrique à la suivante, on vise les divisions intermédiaires marquées par des points blancs, et on multiplie la lecture par 0.25, 0.35, etc., selon la distance. Alors seulement le coefficient multiplicateur comprend deux chiffres.

Conclusions — Le métrographe qu'on vient de décrire porte aux mêmes distances que le stadimètre à cadran pour la lunette réductrice ; il présente à peu près les mêmes avantages et fournit dans la pratique une approximation analogue (moyennement $\frac{1}{3000}$ environ) ; il est surtout avantageux aux topographes qui ne peuvent se décider à faire usage de la règle à calcul, dont l'emploi est d'un si grand secours pour le calcul des différences de niveau en fonction de la distance horizontale et de l'angle de pente. Mais le métrographe offre, sous les mêmes dimensions, un grossissement plus faible que l'appareil précédent et ne ménage pas autant, par suite, la vue du topographe ; il est d'une construction plus délicate et conduit à des opérations peut-être un peu plus lentes. Aussi lui a-t-on préféré, dans la Brigade Topographique, le stadimètre à cadran et la boussole à lunette réductrice, qui sont aujourd'hui exclusivement employés dans ce service.

Nice. — Typ. V.-Eugène Gauthier et C⁰.